ORIGINE

DES

DROITS ET DEVOIRS

DE L'HOMME

DANS TOUT CORPS SOCIAL BIEN ORGANISÉ

PAR

Th. PRIEUR du PERRAY,

ANCIEN MAGISTRAT.

———

SAUMUR

PAUL GODET, IMPRIMEUR-LIBRAIRE

PLACE DU MARCHÉ-NOIR.

—

1885

ORIGINE

DES

DROITS ET DEVOIRS

DE L'HOMME

DANS TOUT CORPS SOCIAL BIEN ORGANISÉ

PAR

Th. PRIEUR du PERRAY,

ANCIEN MAGISTRAT.

SAUMUR

PAUL GODET, IMPRIMEUR-LIBRAIRE

PLACE DU MARCHÉ-NOIR.

1885

A

Monsieur d'ESPINAY

CONSEILLER HONORAIRE

A LA COUR D'APPEL D'ANGERS

AVANT-PROPOS

Les doctrines émises dans cette brochure ne sont à vrai dire qu'un résumé succinct de celles enseignées dans les Écoles de Droit.

Son seul mérite est de réunir, sous un nouvel aspect et dans un cadre fort restreint, les éléments, les véritables principes du droit civil, criminel et administratif.

Puisse cette œuvre de mes loisirs être accueillie avec faveur et offrir (quelque sérieuse quelle soit) un certain intérêt aux personnes compétentes qui voudront bien en prendre lecture.

PRÉFACE

Par suite des révolutions sociales qui pendant près
d'un siècle ont agité, bouleversé, ensanglanté notre
malheureuse Patrie, puis dénaturé les saines doctrines,
confondu les sentiments du bien et du mal, du vrai et
du faux, du beau et du laid, du juste et de l'injuste,
dans une Société aussi versatile que la nôtre, on est
tellement disposé à confondre les *droits* et les *devoirs*,
à étendre les premiers au-delà de toutes limites, à
restreindre les seconds le plus possible, qu'il nous a
paru nécessaire de rappeler à chacun la véritable étendue
des uns et des autres, et les limites qu'elles peuvent
atteindre mais non dépasser, eu égard non-seulement aux
droits et aux devoirs qui se trouvent en dehors de la
loi, mais à tous ceux qui en découlent.

D'ailleurs la législation a tellement varié depuis
quatre-vingt-dix ans, et les sept ou huit gouvernements
qui ont régi la France depuis 1789 ont tellement changé,
modifié les habitudes, relâché les mœurs, dénaturé les
sentiments, affaibli les croyances morales et religieuses,
vicié les principes de droiture, d'honneur, d'équité,

qu'il importe, ce nous semble , de remonter à l'origine de ces législations si diverses, si contradictoires, afin de bien faire comprendre, à quiconque les ignore ou voudrait les méconnaître , les véritables *droits* et *devoirs* de chacun, tant envers lui-même qu'envers ses concitoyens et le corps social dont il fait partie.

Puissé-je réussir à rectifier plus d'une erreur, à rétablir la vérité dans tout son jour.

Oh ! sans doute la tâche est difficile , mais elle n'est pas impossible et je n'y faillirai pas , bien qu'elle soit peut-être au-dessus de mes forces.

ORIGINE

DES

DROITS ET DEVOIRS DE L'HOMME

« Si la liberté est un droit, l'ordre
» et l'obéissance aux lois est un
» devoir. »
Montesquieu.

Titre préliminaire

———

La législation est l'ensemble des lois qui régissent un peuple.

Toute loi est un précepte basé sur la morale et à l'inobservation duquel est attachée une peine appelée *sanction légale* ou *vinculum juris,* sans laquelle cette loi ne serait qu'un précepte nu et sans force.

Une première distinction des lois résulte de l'origine immédiate des peines attachées à leur infraction ; ainsi on appelle :

Lois DIVINES, celles dont l'infraction est punie *immé-*

diatement par Dieu. Ainsi l'inobservation des pratiques religieuses non punie par la nature ou par les hommes l'est par Dieu, s'il n'y a pas eu de sa part absolution.

Lois NATURELLES, celles dont l'infraction est *immédiatement* punie par la nature. Ainsi l'intempérance non punie par les hommes l'est par la nature, frappant d'infirmités l'imprudent qui s'y livre (1).

Lois HUMAINES, celles dont l'infraction est *immédiatement* punie par les hommes. Ainsi l'inobservation des dispositions du droit civil et criminel est punie par les hommes.

Nous disons *immédiatement,* car bien que ces peines nous viennent toujours de Dieu, il en est qu'il ne nous inflige que par l'intermédiaire de la nature ou des hommes, ou bien de la nature et des hommes à la fois, ainsi :

L'inobservation des lois naturelles est indirectement punie par Dieu, s'il n'y a pas eu absolution, et par les hommes qui méprisent l'intempérance.

L'inobservation des lois humaines est indirectement punie par Dieu qui commande l'obéissance aux lois de son pays.

L'inobservation des lois divines est indirectement punie par le mépris des hommes et souvent aussi par la nature, s'il est vrai que certaines pratiques religieuses soient basées sur des principes d'hygiène.

Le but de chaque loi n'étant qu'un titre pour celui qui l'invoque, est, comme le but de tout titre, non de créer un droit (lequel en est indépendant), mais de le constater et d'en assurer l'exercice.

Un droit quelconque ne peut se concevoir chez l'un sans qu'il existe chez l'autre le droit corrélatif de s'y conformer.

(1) La nature n'étant que la très-humble servante de la Divinité est pour ainsi dire une intermédiaire entre le Créateur et ses créatures ; aussi est-ce le plus souvent par elle que Dieu récompense ou punit, dès ici-bas, les hommes selon les actions louables ou blâmables qu'ils ont commises tant à leur égard qu'envers leurs semblables.

De là ce principe de droit romain qui est la base de tous les autres :

Non debet alteri per alterum iniqua conditio inferri.

De ce principe, qui fonde pour chacun le droit de conserver sa condition et pour les autres le devoir de la respecter, nait cet autre principe de toute équité : qu'à l'instant où tel individu voit sa condition détériorée s'établit pour lui le droit d'en être indemnisé, et, pour l'auteur de cette détérioration, le devoir de fournir l'indemnité.

ORIGINE

De nos Droits et de nos Devoirs.

———

Une première distinction des droits résulte de l'origine
des détériorations que l'on peut éprouver dans sa condition. Ainsi on appelle :

Droits naturels, ceux qui naissent de l'espèce de détérioration que peut éprouver l'homme en le faisant passer,
de l'état d'insensibilité où il était avant son organisation,
à l'état de sensibilité qui peut être pour lui la source d'une
multitude de souffrances.

Droits sociaux, ceux qui naissent de l'espèce de détérioration que la société (en ajoutant aux besoins naturels de
l'homme des besoins sociaux) a vraiment apporté à sa
condition naturelle ; car ces droits sociaux augmentent
d'autant la somme de ses besoins et celle de ses souffrances.

Au surplus, quelque nombreux que soient nos besoins
naturels, physiques et moraux dont la non satisfaction
cause toutes nos souffrances, quelque nombreux que soient
par là même les devoirs que la nature, en nous créant ces
besoins, contracta de les satisfaire, nous pouvons dire, à la

louange de cette débitrice commune, que, non-seulement juste mais souvent généreuse, elle remplit, et par delà, ses nombreuses obligations envers nous ; en effet :

Considérons d'abord que les seuls besoins dont elle nous doive satisfaction sont les besoins naturels proprement dits, et qu'il serait injuste de faire figurer au rang de ces besoins ceux qu'il nous a plu de nous créer par des habitudes plus ou moins vicieuses.

Considérons ensuite qu'au rang des souffrances dont la nature nous doit réparation, ne doivent pas figurer celles que nous ne devons qu'à nos dérèglements volontaires, et qui ne sont que la sanction pénale des lois qu'elle nous imposait, que l'expérience nous a fait connaître et que nous avons eu l'imprudence de transgresser.

Considérons enfin qu'à raison du mode d'organisation qu'elle nous a donné et de facultés dont elle nous a pourvus, nous recueillons de la satisfaction de nos besoins, absence de douleur, ce que seulement elle nous devait, puis bien-être, plaisir plus ou moins vif, ce qu'elle ne nous devait pas, et ce qui nous dédommage tellement des souffrances dont elle n'a pu nous garantir, qu'il n'est pas d'être tellement malheureux qu'on le suppose qui ne soit encore invité à vivre par l'attrait du plaisir et l'espérance du bonheur.

Peut-être nous objectera-t-on que si envers quelques-uns la nature s'est montrée généreuse en leur accordant plus de facultés physiques ou morales qu'il ne leur en fallait pour obtenir et appliquer à leurs besoins personnels les produits qu'elle étale à nos yeux avec profusion, on ne peut se dispenser de voir avec peine qu'avare quelquefois et souvent injuste envers d'autres, elle ne leur accorde pas même de ces facultés la dose nécessaire à l'obtention des aliments les plus indispensables à leurs besoins.

Mais en examinant scrupuleusement l'ensemble de ses actes, on finira toujours par reconnaître que, pour réparer ces sortes d'injustices sans doute involontaires et tenant à des lois auxquelles elle n'a pu se soustraire, la nature, grâce à la Divine Providence, semble avoir inspiré aux êtres de l'espèce humaine des sentiments tels qu'ils dussent ramener indirectement le sort de chacun à ce qu'équitablement il devait être.

En effet, ne croyons pas que le seul caprice des hommes ait présidé à la formation de ces sociétés connues sous le nom de *nations,* et dont l'effet est de rendre chaque membre qui la compose fort de la force de tous.

Il suffit de considérer la nature de l'homme, ses penchants, ses affections, la faculté qu'il a de parler, de communiquer ses pensées, ses désirs, et de se perfectionner par l'imitation, pour être convaincu qu'il est essentiellement sociable.

Au surplus, sans nous abandonner à une foule d'autres considérations morales qui nous portent à croire que les hommes sont naturellement entraînés les uns vers les autres par des sentiments affectueux que la rivalité de leurs besoins peut seule comprimer, paralyser, détruire, contentons-nous de faire remarquer que leur intérêt propre ne dût pas tarder à leur inspirer l'heureuse idée de se réunir et de se soumettre à un contrat dont cette bonne nature elle-même leur dictait les clauses.

Impossible, en effet, qu'en jettant les regards sur lui et sur les êtres qui l'entouraient, chaque homme, quelque heureuse que fut son organisation physique et morale, ne comprît pas de combien de chances périlleuses le menaçaient, et la perte possible de ses facultés, et l'attaque que pourraient diriger contre sa personne ou contre les fruits de son travail les êtres de son espèce ou d'espèces différentes, et que, dès lors, chaque homme ne conçût pas la pensée d'acheter, d'échanger la protection de ses semblables par celle que lui-même leur accorderait.

Aussi, ce qui s'opère souvent entre les créanciers d'un même débiteur, *un contrat d'union,* dut également s'établir entre les hommes qui, tous créanciers de la nature, avaient à régler de quelle manière seraient recueillis et répartis entre eux les biens que, pour sa libération, leur abandonnait cette débitrice commune.

Dès lors, il est facile d'entrevoir de quelle manière dut être inspiré, par un sentiment de justice, aux premiers fondateurs de toute société humaine, le contrat d'union destiné à subordonner la distribution des biens de la nature aux règles de l'équité, contrat que nous désignerons sous la dénomination de *contrat social* (1).

Ce contrat, comme tous les autres, doit être envisagé sous le rapport de *sa définition*, de *son but*, de *sa cause*, de *sa justification*, de *ses clauses* et de *sa durée*.

---

(1) Lequel n'a rien d'analogue avec celui de J.-J. Rousseau, ce philosophe de Genève, qui, séduit par les formes républicaines de la Suisse, basa, sur une foule de paradoxes, l'édifice d'une République qu'il rêvait pour la France.

Titre Ier

SA DÉFINITION.

———

Considéré sous le rapport de sa définition, tout contrat social est un véritable contrat d'union par lequel tous les membres de cette union, soit pour se garantir des agitations de l'anarchie et éviter les désordres de la démagogie, soit pour faire tourner au profit de chacun la force, la sagesse, la justice de tous, surtout enfin pour recueillir, le plus avantageusement et partager le plus équitablement possible, les biens de leur débitrice commune, la nature.

Tous ces membres, disons-nous, étant les uns créanciers et donataires avec titre, les autres seulement créanciers avec titre, d'autres créanciers sans titre de cette débitrice commune, conviennent de renoncer à se régir eux-mêmes et d'abandonner à leur ensemble (sous le nom de *société,* de *corps social,* de *nation,* représenté comme syndics par le prince et les premiers magistrats) : 1° le pouvoir de vouloir pour chacun d'eux, c'est-à-dire de substituer à leur volonté particulière la volonté générale présumée plus conforme à l'avantage de tous, ou *Pouvoir législatif ;* 2° le pouvoir de faire exécuter cette volonté générale, ou *Pouvoir exécutif ;*

Lesquels pouvoirs constituent *la Souveraineté.*

Si en *droit* ces deux pouvoirs sont inaliénables,

imprescriptibles et indivisibles, en *fait* ils sont confiés *cumulativement* :

1° A tous les membres de la nation qui, par la pluralité des voix, déterminent les lois auxquelles tous doivent se soumettre, et choisissent les hommes chargés temporaire-ment de veiller à l'exécution, d'où naît le gouvernement *démocratique*, lequel prend le nom de gouvernement *consulaire* lorsque, temporairement, le pouvoir exécutif est confié à un ou à plusieurs consuls, et celui de gou-vernement *dictatorial* lorsque, temporairement, les deux pouvoirs sont confiés à un seul.

Néanmoins ces deux formes de gouvernement ne cessent pas d'être démocratiques, puisque le peuple, libre de révoquer, de changer ses magistrats, est toujours censé se régir par lui-même.

Le gouvernement démocratique ne prend le nom de *République* que parce que l'intérêt de la chose publique semble plus que sous tout autre gouvernement être le but unique de tous ses actes, ce qui rarement arrive, la République n'étant assez souvent qu'une fiction, une monarchie déguisée.

2° Ou confiés à quelques-uns de ses membres seule-ment que désignent au choix du peuple leur origine, leur fortune, leur âge, leur expérience, leurs talents, leurs vertus, leurs succès, d'où naissent le gouvernement *polygarchique*, s'il est confié à un grand nombre, et de gouvernement *olygarchique*, s'il est confié à un petit nombre, lesquels gouvernements sont mieux connus sous le nom de gouvernement *aristocratique* (1).

3° Ou confiés à un seul membre signalé par son origine, ses talents ou ses succès, d'où naît le gouvernement

---

(1) Il ne faut pas confondre les deux termes d'*aristocratie* et de *noblesse*; ces deux termes ne représentent ni la même idée ni le même état social. Celui d'*aristocratie*, souvent pris en mauvaise part, se compose de deux mots grecs, ARISTOS, la meilleure, KRATOS, force ou puissance, gouvernement où le pouvoir souverain est exercé par

monarchique , lequel prend le nom de *monarchi-despotique,* si le monarque gouverne d'après son unique volonté , et de *monarchi-théocratique ,* s'il gouverne d'après des lois qu'on suppose émanées de la Divinité.

On appele *absolues* ces trois formes de gouvernement.

En *fait,* les deux pouvoirs *législatif* et *exécutif* peuvent être confiés *divisément :*

1° Le pouvoir législatif à chaque citoyen, et le pouvoir exécutif à des nobles héréditaires, d'où naît le gouvernement *aristo-démocratique ;*

2° Le pouvoir législatif à chaque citoyen, et le pouvoir exécutif à un seul, nommé Roi ou Empereur, d'où le gouvernement *monarchi-démocratique ;*

3° Le pouvoir législatif à une classe de citoyens, et le pouvoir exécutif à un seul, d'où le gouvernement *aristo-monarchique ;*

4° Enfin le pouvoir législatif tout à la fois à une chambre des représentants du peuple, à une chambre des pairs ou de sénateurs, à un Roi, et le pouvoir exécutif au Roi, d'où le gouvernement *aristo-démocrati-monarchique,* le meilleur de tous assurément s'il est issu de la légitimité ; car il est pour la nation qu'il régit une garantie de paix, de prospérité, de bonheur pour l'avenir.

On appelle *mixtes* ces quatre formes de gouvernements.

Du reste, qu'ils soient *mixtes* ou *absolus*, ces gouvernements sont respectables s'ils sont approuvés par la nation,

---

nn certain nombre d'hommmes considérables, nobles ou non, et désignés, par le suffrage du peuple, par le sort ou par la voix héréditaire.

Le terme de *noblesse* signifie un corps de privilégiés investis de nombreuses immunités, décorés de prérogatives honorifiques dues à la mémoire d'ancêtres illustres, mais qui ne correspondent à aucun pouvoir effectif, qui ne sont ni la sanction, ni la récompense d'une fonction sociale bien remplie, d'une autorité universellement exercée.

Cette noblesse, malgré les remarquables qualités individuelles dont elle brille, malgré la culture séduisante de ses mœurs, n'est en définitive qu'une institution décorative du trône ; elle en est le luxe, l'ornement ; mais elle n'en forme pas l'état-major, la **classe** dirigeante de la nation.

tacitement par son silence et sa soumission, *expressément* par quelques actes de nature à changer, modifier la constitution qui la régit.

Ils sont respectables tant que les dépositaires des deux pouvoirs qui composent la souveraineté ne veulent réellement que ce que voudrait le peuple lui-même inspiré par son plus grand intérêt.

Aussi ne méritent-ils les titres odieux d'arbitraires, de tyranniques, que quand la force publique, destinée à protéger l'exercice des droits des individus, est au contraire employée à y porter atteinte.

Ces gouvernements ne sont préférables les uns aux autres que par suite des obstacles que dans les premiers le pouvoir rencontre à s'étendre au-delà des limites que lui imposent les constitutions de l'État et l'intérêt général.

Au surplus, ils ont tous une bonté relative :

1° A l'étendue de la nation considérée sous le rapport de son territoire et de sa population ;

2° Au degré de lumières dont cette nation est éclairée ;

3° A sa position géographique, c'est-à-dire au climat qu'elle habite ;

4° A sa position politique, c'est-à-dire à la nature de ses relations avec les nations voisines ;

5° A son état de calme ou de trouble.

Ces gouvernements divers nous portent d'ailleurs à considérer une nation en tant que s'organisant et se traçant des règles de conduite ; elle prend alors le nom de *souveraine* ; puis, en tant que se conformant aux règles établies, elle prend le nom d'*État*.

Ils nous portent aussi à considérer chaque membre du corps social :

1° Comme homme, c'est-à-dire comme étranger à toute organisation sociale, et, comme tel, mu par son seul intérêt particulier ;

2° Comme citoyen, c'est-à-dire comme membre du

gouvernement souverain, et mu comme tel par l'intérêt général ;

3° Comme sujet, c'est-à-dire comme membre de l'État, et, comme tel, obligé de sacrifier son intérêt particulier à l'intérêt général ;

4° Comme Prince ou régent du Prince, et, comme tel, mu par une volonté de corps, laquelle n'est louable qu'autant qu'elle se conforme à la volonté de tous.

Titre II.

S O N   B U T.

———

Considéré sous le rapport de son but, tout contrat social doit avoir pour effet de réparer l'injustice sans doute involontaire de la nature qui, tandis qu'elle donne à quelques hommes, et leur conserve plus de facultés qu'il ne leur en faut pour recueillir de ses biens la dose nécessaire à la satisfaction de leurs besoins naturels (ce qui constitue de sa part une pure libéralité), refuse aux uns, ravit aux autres, subitement par les infirmités, ou lentement par la vieillesse, les facultés sans lesquelles ne pouvant se procurer, s'approprier de ses richesses la faible part nécessaire à la satisfaction de leurs besoins, ils semblent n'être venus au monde que pour souffrir et marcher péniblement vers la mort.

Titre III.

SA CAUSE.

Considéré sous le rapport de sa cause, tout contrat social est né :

1° De la compassion inspirée par l'aspect des malheureux privés de facultés et tourmentés par des besoins qu'il leur était impossible de satisfaire ;

2° De la crainte que dût concevoir chaque homme pourvu de facultés de les perdre au premier jour, ou de donner naissance à des êtres qui en seraient dépourvus ou frustrés par une foule d'agents destructeurs qui nous environnent et qui menacent incessamment notre bien-être.

Titre IV.

SA JUSTIFICATION.

Considéré sous le rapport de sa justification, tout contrat social se justifie par cette considération que nos droits sur la nature se déduisent, non de nos facultés, qui ne sont pour nous que des avantages, mais des besoins qu'elle nous a créés, besoins dont la non satisfaction expose l'homme à la douleur, et qui, dans sa situation antérieurement insensible à la souffrance, constituent une véritable détérioration, un incontestable préjudice, dont il est juste qu'il soit dédommagé par une entière satisfaction de ces besoins, et, peut-être aussi, par quelques-uns de ces plaisirs autorisés par la morale, et sans lesquels la vie, bien qu'exempte de douleur, serait par trop insipide.

De cette considération naissent deux conséquences :

La première, qu'avant de donner à certains êtres des facultés surabondantes que nous considérons comme des actes de libéralité, la nature avait pour devoir d'en donner à chacun de suffisantes, et que nous qualifierons de titres de créance.

La deuxième conséquence, qu'aucun être privilégié ne peut équitablement jouir de ses privilèges, avant que tous les créanciers de la nature n'aient obtenu la plénitude de leurs droits, étant de toute justice qu'on doive payer ses dettes avant d'être généreux..., *non liberalis, nisi liberatus.*

Titre V.

SES CLAUSES.

———

Considéré sous le rapport de ses clauses, tout contrat social en comporte de deux ordres :

Celles relatives aux obligations des individus envers le corps social ;

Celles relatives aux obligations du corps social envers les individus.

CHAPITRE Ier.

DEUX CLAUSES SONT RELATIVES AUX OBLIGATIONS DES INDIVIDUS ENVERS LE CORPS SOCIAL.

Première clause. — Quelque soit l'origine de sa possession, chaque membre du corps social reconnaît que la portion de territoire national dont il est dépositaire, appartient avant tout, comme le territoire entier et l'universalité des fruits de ce territoire, au corps de la nation dont il est naturellement destiné à satisfaire les besoins ; il reconnaît par là même, que quelque sacré que soit son titre de propriété, il se réduit à un simple affermement perpétuel et transmissible, tacitement consenti par le corps social, moyennant une redevance annuelle, dont l'étendue est déterminée par les besoins de celui-ci, et qui, sous le nom *d'impôt foncier,* sera perçu par le gouvernement, selon le mode établi par la loi.

Deuxième clause. — Quelque libre que soit naturellement chacun d'user ou non de ses facultés et de préférer la mort au travail, qui peut le soutenir et concourir au bien du corps social, tout citoyen doit reconnaître qu'en restant au sein d'une association, qu'en jouissant de la sûreté quelle lui garantit, qu'en profitant de tous les genres d'industrie de ses concitoyens, il contracte l'obligation réciproque (pour n'être pas le frêlon de la ruche) de consacrer à cette association ses propres facultés ; il doit reconnaître par là même, que les facultés qui lui sont propres, deviennent un bien national dont la jouissance ne lui est laissée, pour ainsi dire, qu'à titre d'affermement, ou, en d'autres termes, qu'à la charge d'une redevance dont le taux est encore déterminé par les besoins du corps social, eu égard aux autres sources dans lesquelles celui-ci devra puiser.

Cette redevance prend le nom :

1° De *service personnel,* quand, par la loi du sort ou les besoins des localités, il s'agit de payer de sa personne dans les armées régulières, les gardes nationales, les travaux publics ;

2° *D'impôt mobilier,* quand elle se perçoit sur la valeur approximative du mobilier, qui est censé garnir la maison qu'on habite, avec ou sans famille ;

3° *D'impôt indirect,* quand, ne pouvant directement la percevoir sur les facultés réelles des individus qui la devraient, on la perçoit indirectement sur elles, en ne concédant la permission de les exercer, qu'à la charge d'un impôt appelé *patente ou cautionnement,* ou bien en exigeant sur les fruits, les produits qu'à l'aide de ses facultés, se procure chaque citoyen, un impôt appelé *droit d'importation* et *d'exportation,* lesquels sont perçus par la *douane,* au profit du gouvernement, et *droit* de *circulation* et de *vente,* lesquels sont perçus par les *droits réunis,* au profit du gouvernement, et par les *fermiers de l'octroi,* au profit d'une ville.

CHAPITRE II. (v. p. 18.)

DEUX CLAUSES SONT RELATIVES AUX OBLIGATIONS DU CORPS SOCIAL ENVERS LES INDIVIDUS.

Première clause. Tout membre du corps social, dépourvu originairement ou accidentellement de facultés, ou dont les facultés ne peuvent, d'une manière directe, servir à la satisfaction de ses besoins, consacrées qu'elles sont à l'administration ou à la défense de l'État, devra recevoir de celui-ci l'assistance nécessaire pour pouvoir vivre ni plus ni moins exempt de privations, de douleur que les autres membres de la nation.

De là provient cette nécessité :

1° De rechercher la somme des besoins auxquels ne correspondent aucunes facultés, tels les besoins d'hôpitaux, de dépôts d'incurables, de mendicité, d'enfants abandonnés, etc. ;

2° De rechercher la somme des appointements dûs

aux citoyens qui, pourvus de facultés, les consacrent à l'administration ou à la défense de l'État, car ceux-ci ont droit à des appointements égaux, non-seulement à leurs besoins, mais aux fruits qu'ils eussent pu se procurer, s'ils avaient employé à les obtenir l'étendue des facultés que fait présumer l'importance du poste qu'ils occupent, sauf à eux à concourir sur ce produit indirect, par leurs facultés, aux contributions proportionnelles sus-désignées ;

3° D'offrir sous le nom de *budget,* à l'approbation du pouvoir législatif, l'ensemble de ses besoins, qui, une fois approuvés, déterminent le montant des contributions à imposer, proportionnellement aux personnes reconnues légalement contribuables ;

4° De créer, pour la perception des impòts, ou la formation du trésor, des *percepteurs, receveurs* particuliers et généraux, ministres de finances, et, pour l'emploi de ce trésor, des payeurs dans chaque administration.

Deuxième clause. Tout membre du corps social ne sera déchu de ses droits à l'assistance publique que si, pourvu de facultés et libre de les exercer, il refusait d'en faire usage, devant être repoussé par cet axiome de droit romain : *Bene volenti, non fit injuria.*

Aussi, afin de mettre chacun en demeure d'exercer pleinement ses facultés, il nous paraît nécessaire, indispensable, que le pouvoir législatif consacre législativement les droits naturels, civils, politiques, tant des individus que du corps social.

SECTION 1re.

Nécessité alors, pour les dépositaires du pouvoir législatif (lesquels sont à l'homme la partie du cerveau où siège la pensée), de consacrer par des lois en leur faisant éprouver le moins de restriction et le plus d'extension possible :

Premièrement, chez les individus, les droits naturels, civils, politiques.

§ 1er. — *Droits naturels,* tels que ceux de *liberté, d'égalité,* de *sûreté,* et de *propriété.*

De *liberté,* ou droit d'exercer ses facultés au gré de ses désirs, lequel s'appliquant à la faculté :

1° D'employer à sa subsistance les produits naturels ou individuels, ne reçoit, dans l'ordre social, d'autres modifications que celle qui consiste à en subordonner l'exercice à l'exercice des droits de tous les autres citoyens ;

2° D'exercer non telle fonction publique, mais telle profession, n'est subordonné qu'à l'admissibilité de tel individu à cette profession, d'après les preuves de capacité qu'il aura fournies, suivant le mode que la loi détermine ;

3° D'aller, de venir, n'est subordonné qu'aux mesures qu'a droit de prendre l'administration supérieure pour la sécurité du corps social, d'où sont nées les lois sur la police, etc. ;

4° De manifester son opinion, n'est subordonné qu'à la responsabilité des mauvais effets que cette opinion pourrait produire, d'où les lois sur la liberté de la presse, les bonnes mœurs et l'ordre public ;

5° D'exercer tel ou tel culte, est subordonné aux lois sur la liberté des cultes, et sur la manière d'en exercer les signes extérieurs.

D'égalité, ou droit de pouvoir, comme tout autre, exercer la plénitude de ses facultés, sous les mêmes modifications, et, en cas d'absence de toute faculté, le droit d'obtenir, comme tout autre individu, la pleine satisfaction de ses besoins, d'où sont nées les lois qui établissent l'admissibilité de tout citoyen, soit à n'importe quel emploi, ne devant voir entre les hommes d'autre distinction que celle des vertus, des capacités, des talents, des mérites, soit à des secours publics qui ne doivent être accordés qu'à l'honnête indigence.

De sûreté, ou droit d'appliquer ses facultés à repousser toute attaque, droit qui, dans l'ordre social, doit se réduire à demander aux magistrats protection contre ces attaques, ou réparations de délits commis à votre préjudice, à moins de nécessité de légitime défense de soi ou d'autrui, seul cas dans lequel il est permis à chacun de se faire justice par soi-même.

De propriété, ou droit de disposer au gré de ses désirs des produits de son travail et de son industrie pendant sa vie seulement.

Ces droits, quant à leur existence, ne peuvent être ravis à personne, même aux condamnés à la mort civile; mais, quant à leur exercice, ils doivent être confiés à des tiers, pour cause d'impuissance de les exercer soi-même; de là ces lois sur la filiation, la minorité, l'interdiction, le mariage, lois de protection, qui, dans l'unique intérêt des enfants, des mineurs, de l'interdit, d'une épouse, confient l'exercice de leurs droits aux père et mère, tuteurs, curateurs, maris.

§ 2. — *Droits civils* (v. p. 21), tels que ceux :

1° D'être apte à toutes les fonctions civiles ou militaires ;

2° De remplir le ministère de témoin dans les actes notariés, judiciaires, authentiques, administratifs, destinés à faire foi en justice jusqu'à inscription de faux ;

3° De transmettre et de recevoir toute propriété par succession ou testament ;

4° De contracter un mariage qui produise des effets

civils, c'est-à-dire qui transmette au mari l'autorité conjugale, et au père l'autorité paternelle ;

5° D'être tuteur, curateur, subrogé-tuteur, administrateur, sequestre, dépositaire public, etc. ;

6° De remplir en un mot tous les emplois supposant la confiance du corps social.

Ces droits civils refusés : 1° au *mineur*, sauf la faculté de recevoir par succession ou testament, de tester, qu'il acquiert pour moitié à seize ans, de se marier, qu'il n'obtient qu'à dix-huit ans pour l'homme, à quinze ans, pour la femme ; 2° aux *interdits*, sauf la faculté de succéder, de recevoir un legs ; 3° aux *étrangers*, lesquels ne sont pas membres de la nation ; 4° aux individus qui, par leurs méfaits, ont perdu la confiance du corps social, ne peuvent être exercés que par les *majeurs* eux-mêmes, et non, comme les droits naturels, par le ministère d'un tuteur ou d'un représentant légal, excepté pour la royauté qui, pendant la minorité ou la démence du monarque, est exercée par un régent.

§ 3. — *Droits politiques* (v. p. 21), tels que ceux de prendre part aux délibérations du corps social sur l'administration des affaires publiques.

Ces droits se fondant : 1° sur l'intérêt de chaque individu, à ce que ces affaires publiques soient bien réglées ; 2° sur la confiance, qu'en considération de cet intérêt, le corps social doit accorder aux intentions de tout individu d'ailleurs bien organisé ; ces droits, disons-nous, pourraient, comme le droit civil, être accordés à tout majeur non déchu de la confiance publique par ses méfaits ou sa déraison.

Mais on a pensé avec raison qu'il était prudent et sage, dans l'intérêt général, dans un intérêt d'ordre et de paix facile à comprendre, de n'en accorder l'exercice qu'à ceux dont l'intérêt au bien de l'État, au bon ordre et à la tranquillité du pays, seraient garantis par certains degrés de fortune, attestés par le montant de leurs contributions.

De là cette loi électorale du 19 avril 1831 qui, sagement conçue, n'admettait alors à jouir du droit de cité et du titre de citoyen, c'est-à-dire du droit de participer à la souveraineté, que les propriétaires payant un cens déterminé de contributions foncières, réduisant ainsi les membres non imposés du corps social à la simple qualité de sujet.

Mais cette loi, si radicalement modifiée par celle du 2 février 1852, le fut encore plus, sous la dernière République, par celle du 30 novembre 1875, et toujours dans le sens le plus large du suffrage universel, de telle sorte qu'aujourd'hui le premier prolétaire venu est de droit électeur, bien qu'il ne puisse payer d'impôt que sa. cote personnelle, et qu'il ne sache écrire ni lire.

D'où cette conséquence toute naturelle que ceux qui ne possèdent rien, n'ayant rien à perdre et tout à gagner à une révolution nouvelle en faveur de n'importe qui ou de n'importe quoi, voteront toujours, toujours, de préférence, pour le parti qui les gratifiera le mieux.

SECONDEMENT (v. p. 21), chez le corps social, les droits *naturels, civils, politiques.*

§ 1er. — *Droits naturels*, tels que ceux de *liberté*, *d'égalité*, de *sûreté*, de *propriété.*

De liberté, ou droit de se défendre des entraves que les autres nations voudraient apporter à ce qu'il juge convenable de faire dans son intérêt, sans nuire aux intérêts de ces nations, duquel droit, pouvant recevoir certaines modifications par suite des traités contractés entre elles dans les congrès, nait le droit de guerre offensive ou défensive, et, dès lors, celui de se créer des armées de terre et de mer, d'où ces lois sur le recrutement de l'armée par engagement volontaire ou par la loi du sort, et sur la hiérarchie militaire.

D'égalité, ou droit d'organiser et d'exercer ses forces comme les autres nations.

De sûreté, ou droit de sacrifier, par intérêt pour sa conservation, ses ennemis soit extérieurs, d'où le droit de guerre défensive, soit intérieurs, d'où le droit d'arrêter les perturbateurs de son repos, de sa sûreté, voire même de les condamner à perdre la vie, s'il ne peut autrement se garantir de leurs atteintes funestes, ce qui devient, pour le corps social, un cas de légitime défense de soi-même, si l'attentat doit nuire à son organisation générale, à son existence sociale, à un seul des membres qui le composent, ou bien un cas de légitime défense d'une nation avec laquelle il aurait fait alliance, si cet attentat doit nuire, soit à cette nation, soit aux membres qui en font partie.

De propriété, ou droit de conserver son territoire intact contre les usurpateurs, soit extérieurs, d'où le droit de guerre défensive, soit intérieurs, d'où le droit de poursuivre tout perturbateur, envahisseur du domaine, de l'État devant les tribunaux.

§ 2. — Droits civils et politiques, lesquels font supposer, entre les différentes nations de la terre, une association générale et analogue à celle qu'il y a un demi-siècle les diverses nations de l'Europe en voulurent établir une sous le nom de *sainte alliance.*

Mais une telle alliance ne peut guère se maintenir qu'autant qu'entre ces nations existerait une égalité parfaite, étant évident qu'une nation plus forte à elle seule que toutes celles qui voudraient former avec elle un contrat d'union ou de coalition, ne saurait pas plus consentir à s'enchaîner par ce contrat, que ne voudrait consentir à se soumettre à la volonté du plus grand nombre un homme à lui seul plus puissant que ce nombre.

A moins donc (ce qui est rare) qu'il ne songeât, dans son état de supériorité, aux vicissitudes des choses humaines, et à la possibilité d'un affaiblissement futur de cette puissance, qui lui ferait vivement regretter de ne s'être pas placé sous la protection de ce contract, de cette alliance.

SECTION 2e. (v. p. 21.)

Nécessité ensuite, pour les dépositaires du pouvoir législatif, de déterminer le mode d'exercer ces droits naturels, civils, politiques, d'où ces lois qui, suivant :

PREMIÈREMENT : L'individu depuis sa conception jusqu'à sa mort, dans ses rapports avec lui-même, avec ses concitoyens et le corps social, règlent tout ce qui doit se passer : 1° depuis sa conception naturelle ou légitime jusquà sa naissance ; 2° à sa naissance naturelle ou légitime ; 3° au cours de sa minorité ; 4° au développement de sa puberté et de sa raison ; 5° après son émancipation par mariage ou hors mariage ; 6° à l'époque de sa majorité ; 7° au cours de cette majorité et, à chaque événement qui, relatif à son industrie, tend à la protéger, à l'encourager ; à sa fortune, tend à l'administrer, à l'augmenter ou à l'amoindrir ; à la fortune, de ceux dont il est père, tuteur, subrogé-tuteur, curateur, mandataire, dépositaire ou fermier, tend à administrer la fortune mobilière ou immobilière de ceux qu'il réprésente, à l'augmenter ou à l'amoindrir, dans son intérêt ou dans l'intérêt d'autrui, ou dans celui du corps social ; 8° lors de son mariage naturel, civil, religieux et légitime ; 9° lors de sa paternité naturelle, adoptive ou légitime ; 10° lors du décès de ses père et mère naturels, adoptifs ou légitimes, du décès de son conjoint commun ou non en biens avec lui, de son enfant naturel, adoptif ou légitime, de ses frère ou sœur, de ses autres collatéraux, du testateur dont il est légataire universel à titre universel ou particulier ; 11° lors d'un second mariage ; 12° lors de son décès sans héritiers naturels, adoptifs ou légitimes, avec ou sans héritiers à réserve, *testat* ou *ab intestat ;* 13° lors qu'il laisse une succession nulle, en déconfiture, ou mobilière ou immobilière ; 14° enfin, lorsqu'il exerce une fonction civile ou militaire.

Toutes ces lois, répandues dans nos codes et clairement expliquées, tant par des commentateurs tels que *L'hopital, Cujas, Daguesseau, Pothier, Merlin, etc.,* que par la jurisprudence, ne sauraient être mieux étudiées qu'en les suivant ainsi, dans l'ordre de leur application, à chaque phase de la vie.

SECONDEMENT (v. p. 27), d'où ces lois qui, suivant le corps social depuis son organisation jusqu'à sa dissolution, règlent ce qui doit se passer.

I. — Lors de son organisation : 1° dans son intérêt considéré d'après son ensemble social ; 2° dans l'intérêt des individus qui le composent, tant de sa part que de la part des nations voisines ; 3° dans l'intérêt des nations voisines ; 4° dans l'intérêt de la sainte alliance, s'il en existe une, et ce eu égard à la position géographique de ce corps social, aux productions de son territoire, à l'étendue de sa population, à son degré de civilisation et à sa constitution qui, à l'instar de celle de l'homme à laquelle elle peut être comparée, doit avoir :

1° Unité de pouvoir législatif, c'est-à-dire unité de cerveau, de pensée, de volonté pour ne pas réaliser la fable du dragon à plusieurs têtes ;

2° Subordination entière du pouvoir exécutif au pouvoir législatif, sauf les balancements destinés, non pas à neutraliser, mais à ralentir parfois l'action trop vive de ce dernier pouvoir ;

3° Circulation perpétuelle des richesses mobilières

et immobilières de l'État, de même que le sang qui, devant vivifier toutes les parties du corps, ne peut s'accumuler sur l'une de ses parties sans que les autres en souffrent.

II. — Lors de sa prospérité, pour l'y maintenir, c'est-à-dire pour éviter autant que possible :

1º L'oisiveté des sujets de l'État, l'homme oisif tendant toujours à se corrompre comme l'eau qui dort, et à corrompre de proche en proche tous les membres du corps social ; de même que la lèpre du corps humain tend à s'étendre sur toutes ses parties et à consommer la perte de l'individu ;

2º La corruption des mœurs, par une éducation morale et religieuse tendant à en maintenir la pureté, l'honorabilité ;

3º L'excès du luxe qui, après avoir détruit toute égalité entre les hommes et causé la gêne, la ruine du plus grand nombre, finit par compromettre la sûreté de l'État, par suite de ses abus et des folles dépenses auxquelles il les entraîne ;

4º L'ambition, qui tend toujours à compromettre le sort des États en voulant les agrandir, puisqu'en rendant plus difficile, plus compliquée leur administration intérieure par suite de leur trop grande étendue, elle intéresse à leur destruction ou à leur amoindrissement les États voisins, et, comparant toujours un État à l'homme, nous dirons que, plus il est petit de taille, plus il est fort, vigoureux, intelligent et bien portant.

Ces lois (v. p. 28), que nous nommerons l'hygiène des États, ne peuvent être étudiées avec fruit que dans *Machiavel, Montesquieu, Pitt, Mably, Beccaria, Filangieri*, et quelques autres publicistes célèbres, enseignant l'art de balancer les différents pouvoirs d'un État les uns par les autres, afin que, par suite de leur subordination respective, il s'établisse dans les mouvements d'une nation cette sage lenteur qui donne à la réflexion le temps d'en mieux calculer les effets, sans cependant qu'il en puisse résulter dans les affaires publiques une stagnation plus funeste parfois qu'une détermination imprudente, le vaisseau de l'État devant toujours être en marche.

A cet égard, il est encore une comparaison tirée de l'homme, lequel, menacé d'inaction et de mort si son système musculaire trop épais neutralise les impulsions du système nerveux, serait au contraire exposé à des mouvements désordonnés, si ce système musculaire, trop débile et dès lors trop docile à suivre ces impulsions, n'y apportait cette heureuse entrave momentanée, qui donne à la réflexion le temps de régulariser ses mouvements; en effet, à quels excès de vivacité, de colère, ne sont pas exposés les hommes maigres ou convalescents, chez lesquels le système nerveux domine trop le système musculaire.

De même que l'état normal de l'homme sain consiste dans un certain balancement de ces deux systèmes; ainsi celui d'un État consiste dans un certain balancement des pouvoirs constitués.

N'en est-il pas ainsi de l'univers, qui ne marche si régulièrement que par le balancement des attractions réciproques des corps suspendus dans l'espace?...

D'ailleurs cette nécessité du balancement des forces dans les corps organisés nous est matériellement démontrée en mécanique; en effet, à quoi tient le mouvement régulier d'une *montre,* d'une *pendule,* d'une *locomotive,* de toute *machine* à vapeur? A la force du balancier et de ses rouages, opposés à la force du ressort ou du poids et des ressorts qui en dépendent.

C'est par une application de ce principe qu'il ne peut y avoir de *souverain* sans conseil d'État, de *préfet* sans conseil de préfecture, de *maire* sans conseil municipal, de *tuteur* sans conseil de famille.

De ces diverses considérations devra résulter le moyen de calculer lequel peut convenir le mieux à tel peuple, de tel ou tel des gouvernements dont nous avons tracé la forme et les caractères.

III (v. p. 28). — Lors de ses calamités, afin d'éviter, de retarder le plus possible la dissolution du corps social.

Quelques historiens et publicistes ont cru remarquer dans chaque nation, comme dans l'homme, *enfance, adolescence, jeunesse, virilité, vieillesse, décrépitude* et *mort*, se manifestant par les différents degrés d'asservissement, de liberté naturelle, depuis les licences de l'anarchie jusqu'aux derniers excès du despotisme, et dont la marche inévitable, par la tendance naturelle de tous les êtres puissants d'user souvent jusqu'à l'abus de leur pouvoir, peut être ralentie par tous les contrepoids qu'une sage constitution et d'heureux changements dans une législation surannée devront opposer à cette funeste tendance.

SECTION 3ᵉ. (v. p. 21 et 27.)

Nécessité ensuite, pour les dépositaires du pouvoir législatif, de rechercher les moyens d'en faciliter le plein exercice, en encourageant, facilitant chez les individus le plus grand développement possible de leurs facultés prédominantes, d'où ces lois :

1° Sur l'institution des monnaies qui, dans la main de l'homme dont le travail les a acquises, deviennent pour lui un moyen de pouvoir se dispenser, de se livrer lui-même à la recherche ou à la création des fruits naturels ou industriels nécessaires à son existence, et lui permettent de se livrer exclusivement et fructueusement à son genre particulier d'industrie, dans lequel il pourra devenir plus ou moins habile, selon son degré de capacité et l'étendue de ses connaissances ;

2° Sur la protection dont sont environnés tous les genres de commerce, tant à l'intérieur qu'à l'extérieur ;

3° Sur les cours publics de sciences, d'art, de métiers ;

4° Sur les brevets d'invention, prix décernés au mérite supérieur dans tous les genres d'industrie ; primes accordées à certaines manufactures, à certains établissements industriels ou agricoles, pour leur supériorité sur les autres, et le mérite, l'avantage de leurs nouvelles inventions ou découvertes ;

5° Sur l'extension à donner ou à refuser dans certains cas à la concurrence ; pour concilier les besoins d'émulation entre les concurrents, avec cette certitude, qu'à force de concurrence, ils ne courrent pas les risques que leur industrie devienne pour eux un champ stérile.

C'est pourquoi, jadis, existaient sur les maîtrises des lois fort utiles, au double point de vue de l'émulation et du progrès dans les arts et métiers ; mais ces lois furent abolies par la Révolution de 1789 comme tant d'autres non moins utile ;

6° Sur les préférences qui devraient être accordées aux fils du titulaire, par ce motif que, de tous les élèves qu'il a formés les meilleurs, ceux auxquels il a tenu à dévoiler tous les secrets de son art ou de son industrie, doivent être assurément ses enfants.

Aussi y a-t-il double avantage pour l'État à encourager le titulaire à rechercher dans cet art ou cette industrie des perfectionnements dont pourra bénéficier sa famille, puis à encourager ses fils à suivre sa carrière, afin de pouvoir profiter des découvertes que leur père pourrait ne pas vouloir transmettre à un successeur étranger.

SECTION 4ᵉ. (v. p. 21, 27, 31.)

Nécessité encore pour les dépositaires du pouvoir législatif :

Premièrement , de prévenir , d'empêcher les atteintes que pourraient porter aux droits de l'individu cet individu lui-même, volontairement ou involontairement :

Volontairement , soit par voie directe en attentant à ses jours, ou subitement par le suicide, ou lentement par ses débauches, soit par voie indirecte, en intéressant à sa destruction, ou à l'enchaînement de tout ou partie de ses facultés : 1° ses concitoyens dont il se rend le fléau ; 2° le corps social dont il tend à troubler l'ordre et la tranquillité.

§ 1ᵉʳ. — D'où ces institutions destinées à prévenir jusqu'à l'existence des mauvaises intentions, telles que celles :

D'une *instruction publique* qui apprenne à l'homme ses devoirs envers lui-même se réduisant à ce précepte : *user de ses facultés et n'en pas abuser ;* envers les autres contenus dans ces deux préceptes : *ne pas faire à autrui ce qu'on ne veut pas qui nous soit fait, faire au contraire à autrui ce qu'on voudrait qui nous fût fait ;* envers le corps social, soit comme citoyen ou membre de la souveraineté, renfermés dans ce précepte : *sacrifier l'intérêt particulier à l'intérêt général,* soit comme sujet ou membre de l'État, renfermés dans cet autre précepte : *soumission aux lois.*

De là ces lois réglementaires :

1° Des écoles publiques qui doivent avoir pour but, non-seulement d'instruire la jeunesse, mais de lui donner une éducation morale qui fasse de l'homme instruit un homme vertueux, charitable et bien élevé ;

2° D'une *religion* qui, sanctionnant ces devoirs plus ou moins bien remplis, attache à leur observation une récompense, à leur inobservation une punition que Dieu nous réserve dans une autre vie.

De là ces lois protectrices des cultes et de leurs ministres ;

3° D'un *état de mœurs sociales* tel que, même en cette vie et dans le silence des lois, l'homme puisse trouver, pour l'observation de ses devoirs, une récompense dans l'estime, l'amitié, le dévouement de ses concitoyens, et, pour leur inobservation, un châtiment dans le mépris, la haine, l'abandon des êtres qui l'entourent.

De là ces lois sur la liberté de la presse, sur le règlement des théâtres et des maisons de jeux ;

4° De ces plaisirs honnêtes tels que : *cercles catholiques, bibliothèques des bons livres, jeux publics, concerts, spectacles,* où, comme le dit Horace : *ridendo dicere verum, nihil vetat,* afin d'arracher à l'oisiveté (cette mère de tous les vices) les instants de repos que l'homme doit nécessairement prendre pour l'entretien de ses forces ;

5° De ces règlements sur le vagabondage, qui placent tout homme oisif et sans feu ni lieu sous la surveillance de la police ;

6° De ces gradations dans les peines, qui intéressent le malfaiteur à commettre le moins de mal possible, lorsque, entraîné par la fougue de ses passions ou de ses besoins, il a la faiblesse de commettre délits ou crimes.

§ 2 (v. p. 33). — D'où ces institutions destinées à empêcher que, des mauvaises intentions, on ne veuille passer à l'exécution des actes qu'elles ont pour but, telles que celles :

D'une police vigilante qui, pour prévenir délits ou crimes, surveille les pas, les démarches de tout homme dont l'indigence, l'oisiveté, la démoralisation peuvent inspirer une juste méfiance :

1° L'individu lui-même, volontairement par le suicide.

Involontairement (v. p. 33), par l'ignorance des aliments vénéneux ou insalubres dont il peut user, d'où ces règlements de police ayant pour but de soumettre à la surveillance les denrées exposées dans les marchés, ainsi que tout ce qui pourrait contribuer à compromettre la salubrité publique en putréfiant l'air ou l'eau ;

2° Ses concitoyens, volontairement ou involontairement, par les mêmes lois qui ont pour but d'empêcher l'homme de se nuire à lui-même, puisqu'il n'y a rien à redouter pour lui au milieu d'une société de gens instruits de leurs devoirs, retenus par leurs principes religieux, arrachés à l'oisiveté et soumis aux règlements, aux lois de leur pays.

3° Le corps social volontairement ou involontairement.

Volontairement : 1° en n'admettant aux fonctions publiques que des hommes d'une moralité sûre et d'un mérite incontestable ; 2° en soumettant tous les dépositaires du pouvoir à une responsabilité sévère de tous les abus qu'ils pourraient commettre, d'où cette responsabilité ministérielle, qui doit se subdiviser, se répartir sur les employés de chaque ministère ; 3° en prescrivant toute rétroactivité dans les lois civiles, pénales, et en ravissant ainsi au pouvoir l'arme redoutable dont il pourrait à volonté frapper les membres du corps social dans leur personne ou leur fortune, d'où ce principe, de toute équité, que *la loi ne doit pas avoir d'effet rétroactif ;* en effet, une loi cesserait de l'être, et constituerait un simple jugement, si elle était rendue pour régler le sort d'un seul individu, étant de l'essence d'une loi d'être l'expression d'une volonté générale dans son origine, son objet, c'est-à-dire d'être abstraite.

Involontairement : 1° En créant, pour le règlement des

procès, des manières de procéder telles qu'il devienne impossible de frapper l'innocent pour le coupable, d'où ces lois sur la procédure de police judiciaire, municipale, administrative, de police correctionnelle, criminelle des différents ressorts, et qu'il devienne impossible de condamner les prétentions d'un individu sans l'avoir mis à même de les défendre, d'où ces lois sur la procédure civile, commerciale, administrative des différents ressorts ;

2° En proclamant ces principes que, dans le doute, il vaut mieux absoudre un coupable que condamner un innocent, condamner le demandeur que le défendeur, d'où ces règles de droit : *fraus non presumitur, in dubiis quod minimum est sequimur, onus probandi incombit cui dicit, reus excipiendo fit actor, actore non probante reus absolvitur*, règles d'où dérivent toutes celles relatives à l'interprétation des faits, des lois, des obligations, des testaments, et relatives aux présomptions *juris, juris et de jure ;*

3° En proclamant cette doctrine générale que les membres du corps social sont pour lui ce que sont pour l'homme les divers organes qui le constituent ; que de même que, pour vivre heureux, l'homme doit tenir à la conservation de ses organes et ne se priver de l'un d'eux que quand il est devenu positif qu'il ne pourrait le conserver sans périr ; ainsi le corps social, pour jouir de toute la prospérité possible, ne devra pas moins tenir à la conservation de chacun des membres qui le composent ;

4° En favorisant la propagation de la morale et des lumières même chez les nations voisines, d'où ces lois sur les missions politiques, scientifiques et religieuses, d'où ces ouvrages moralisateurs et philanthropiques, ayant pour but de démontrer à tous les hommes de la terre que, quoique divisés par la force des évènements en divers corps de nation, ils ne font cependant tous qu'une seule et même famille, et sont tous dignes de respect les uns envers les autres comme l'œuvre d'un même Dieu et comme l'objet de son affection ;

5° En s'interdisant dès lors contre les étrangers tous actes d'injustice pouvant leur donner le droit de représailles.

SECONDEMENT (v. p. 33), de prévenir, d'empêcher les atteintes que pourraient porter, aux droits du corps social, les nations étrangères :

1° En proclamant ce principe que les nations sont soumises entre elles à tous les devoirs qui régissent les individus entre eux, d'où ces ouvrages de publicistes célèbres sur le droit des gens, tel que celui des entretiens de *Phocion*, par MABLY ;

2° En provoquant ces traités d'alliance, dont le but est de rendre chacune des nations alliées forte de la force de toutes, contre celles non alliées ou ennemies, d'où l'institution d'un ministre des relations étrangères ;

3° En garantissant cette réciprocité de droits, accordée dans chaque nation aux citoyens d'une autre nation, c'est-à-dire le droit d'aubaine ;

4° En instituant ces ambassades, dont le but est de traiter de nation à nation, et ces congrès ou réunions de plénipotentiaires de chaque nation alliée pour juger les différents pouvant s'élever entre deux nations sur l'exécution d'un traité, et prendre parti pour celle du côté de laquelle se trouve le bon droit, d'où ces ouvrages de certains publicistes sur le droit international ;

5° En montrant toujours, à toute nation voisine, bienveillance, bons procédés, justice, fidélité dans les traités et force imposante sur terre et sur mer, afin d'être toujours prêt à repousser courageusement toute injustice, toute agression, en vertu de ce principe, *si vis pacem, para bellum.*

SECTION 5e. (v. p. 21, 27, 31, 33.)

Nécessité encore pour les dépositaires du pouvoir législatif de réprimer ou de réparer les atteintes qu'auraient portées :

Premièrement, aux droits de l'individu :

1° Cet individu lui - même, *civilement*, d'où les lois qui déclarent nuls, dans l'intérêt des *mineurs, interdits, femmes mariées*, tout ce qu'ils ont pu faire sans les formes protectrices de leur faiblesse, et, *criminellement*, d'où ces lois, punissant jadis les malheureux qui osaient attenter à leur existence par la voie du suicide ou du duel, lois qui n'existent plus que dans le code de la conscience et de la religion ;

2° Les autres individus *civilement*, d'où les lois civiles renfermées dans les codes civil, commercial, rural ; puis les tribunaux appliquant ces lois et le pouvoir de ces tribunaux de mettre en jeu la force armée pour faire exécuter leurs jugements ; et, *criminellement*, d'où cette partie du Code pénal relative aux attentats contre les personnes et les propriétés particulières ; puis les tribunaux qui jugent et condamnent les auteurs de ces attentats, et l'institution des prisons, des maisons centrales et pénitentiaires, des bagnes et lieux de déportation ;

3° Le corps social par ses agents, *civilement*, d'où les lois qui, en cas d'envahissement d'une propriété privée par l'État, donnent droit au propriétaire de re-pousser ces agents, par son recours, soit aux tribunaux civils, s'il s'agit d'un objet mobilier ou immobilier que l'État prétend lui appartenir ou appartenir à telle commune ou bien n'être dû ni par lui ni par cette commune, soit aux conseils de préfecture ou au conseil d'État, s'il s'agit d'un objet mobilier ou immobilier dont l'État veut s'emparer sous prétexte de bien public, d'intérêt général (lequel doit toujours être préféré à l'intérêt particulier), en consentant d'ailleurs à en offrir préalablement une indemnité suffisante, *criminellement,* d'où les lois du Code pénal relatives à tous les abus du pouvoir.

Secondement, de réprimer ou de réparer les atteintes qu'auraient portées aux droits du corps social dans chacun des citoyens qui le constituent, dans ses agents, dans son organisation, dans son existence, dans sa propriété :

1° Le corps social, soit par le despotisme de ses chefs, d'où le droit d'insurrection, à l'effet, ou de changer de gouvernement, si l'expérience prouve que le gouvernement en vigueur ne saurait plus convenir, ou, le conservant, d'en considérer le chef actuel comme mort, et d'appeler au trône celui qui, d'après la constitution de l'État, devrait de plein droit lui succéder, soit par les vices de ses institutions, d'où naît le droit quelquefois, pour les puissances étrangères qui peuvent souffrir de ces vices, d'obliger ce corps social à changer ou modifier ces institutions ;

2° Les membres du corps social, d'où ces lois du Code pénal relatives aux attentats à la chose publique, et ce principe qui, nonobstant le pardon de la victime, veut que l'on poursuive le criminel dans l'intérêt de la morale publique ;

3° Les autres nations, soit par un ou plusieurs de leurs citoyens, soit par ces nations entières, d'où le droit de leur déclarer la guerre, et ces traités qui, dans le cas d'attentat d'une nation aux droits d'une autre, donnent à cette nation toutes les autres pour ennemies.

SECTION 6°. (v. les p. 21, 27, 31, 33, 38.)

Nécessité enfin pour les dépositaires du *pouvoir exécutif* (lesquels ainsi que leurs agents sont au corps social ce que sont à l'homme ses nerfs, ses sens, ses muscles, ses fibres, ses membres, à l'exception du cerveau, siège présumé de son âme, c'est-à-dire de sa pensée, de sa raison, de son jugement, de sa volonté), nécessité, disons-nous, d'offrir à ce corps social ce qui est nécessaire à chaque homme pour se conduire dans le sentier de la vie, savoir :

§ 1er. — Des sens externes et internes, avec des nerfs convergeant vers le *sensorium commune*, afin de mettre le gouvernement en rapport avec les faits extérieurs et intérieurs dont la connaissance peut lui être d'un haut intérêt :

1° Extérieurs à l'État au moment de leur accomplissement, rôle que sont appelés à remplir : le ministre des affaires étrangères, les agents d'affaires, les commissaires, plénipotentiaires, consuls de premier ordre, tels que les *légats, nonces, inter-nonces,* de deuxième ordre tels que les *ambassadeurs* ordinaires, extraordinaires, de troisième ordre, tels que les *envoyés* ordinaires, extraordinaires ;

2° Intérieurs à l'État au moment de leur accomplissement, rôle que sont appelés à remplir les ministres de la justice, de l'intérieur, des finances, de la guerre, de la marine et le ministère public, ce grand œil du gouvernement qui doit sans cesse être ouvert et veiller pendant que les autres dorment, afin qu'ils puissent dormir en paix, d'où la création des procureurs généraux, procureurs du roi, substituts, officiers de police, et intermédiaires entre ces sens principaux et les faits à observer, et dont l'ensemble, sous la présidence du monarque, forme le conseil d'État, dans le sein duquel sont traitées, discutées, décidées toutes les questions relatives à ces faits (1).

§ 2. — *Un sensorium commune* (v. p. 40), ou un cerveau qui (rapprochant ces faits de la volonté préexistante du corps social, ou en d'autres termes de la loi faite d'avance, et généralement sur tous les faits de même nature) décide quelle impulsion doit être donnée aux muscles en exécution de cette loi préexistante, rôle que sont appelés à remplir, non le monarque, qui ne doit rendre que des ordonnances générales, mais des magistrats de l'ordre administratif et judiciaire.

1° *De l'ordre administratif,* si l'exécution de la loi n'éprouve aucun obstacle, ainsi *le conseil d'État*, présidé par le monarque, et d'où émanent les ordonnances, avis, décrets ou senatus-consultes ; les *conseils de préfecture,* présidés par le préfet, et d'où émanent les arrêtés, avis, décisions ; les *conseils municipaux,* présidés par le maire, et d'où émanent aussi des arrêtés, avis, décisions ;

2° De l'*ordre judiciaire,* si l'exécution de la loi éprouve des obstacles qui peuvent résulter, soit de l'erreur, soit d'une volonté vicieuse.

Si ces obstacles ont pour cause l'erreur, vous avez :

1° les *justices de paix,* qui, considérées comme bureaux de conciliation, ont pour mission d'amener des compromis, des transactions entre les parties ;

2° Les *tribunaux civils* ou *commerciaux,* institués pour rendre des jugements, soit en premier ressort, si l'intérêt du procès dépasse le taux de mille francs, ou si la demande intéresse l'ordre public, soit en dernier ressort, si les deux circonstances sus-relatées ne sont pas en cause ;

3° Les *tribunaux d'arbitres* volontaires ou forcés,

---

(1) Voir MERLIN, au mot : *Ministère public.*

institués pour rendre des sentences, soit en premier ressort, dans des cas identiques à ceux jugés par les tribunaux de première instance, soit en dernier ressort si les parties en sont convenues par un compromis ;

4° Les cours d'appel, dont la mission est de confirmer ou d'infirmer les jugements de première instance par des arrêts qui sont eux-mêmes sujets à cassation, si le mal jugé consiste dans une fausse interprétation de la loi ;

5° Enfin la cour de cassation, cette gardienne fidèle de la loi, qui admet ou rejette les jugements soumis à sa jurisprudence, selon qu'on l'a ou non réglée.

Si ces obstacles sont au contraire le résultat d'une volonté vicieuse, vous avez : 1° les tribunaux de simple police de premier et dernier ressort ; 2° les tribunaux correctionnels de premier et dernier ressort ; 3° les cours prévôtales, dont les arrêts ne sont jamais sujets à cassation ; 4° les cours d'assises, dont, au contraire, les arrêts sont sujets à cassation pour vices de forme ; 5° les cours d'exception, telles que la Chambre des pairs, des sénateurs et celle des députés, dans certaines circonstances plus ou moins graves ; 6° les conseils d'État et les conseils de guerre.

§ 3. — *Des nerfs divergents* (v. p. 40), dont l'action se porte du centre à la circonférence, et qui, par suite de jugements rendus par le cerveau, transmettent aux muscles l'impulsion des mouvements voulus, ordonnés par le *sensorium commune*, rôle que sont appelés à remplir les secrétaires d'État, le ministère public, les ministres, chacun dans son département ; puis les généraux en chef, de division, de brigade, les officiers supérieurs, inférieurs, et tous les intermédiaires subalternes entre le pouvoir qui juge les mouvements à exécuter, et les agents de tous grades chargés de les exécuter.

§ 4. — *Des muscles* (v. p. 40), lesquels, par suite de l'impulsion transmise par les nerfs, exécutent les mouvements ordonnés, rôle que sont destinés à remplir les différents corps militaires (désignés sous les dénominations d'infanterie, ou troupes de ligne, de gardes nationales, départementales, municipales), les huissiers et leurs recors, les officiers de haute justice, les agents de toute administration.

Observation générale. Tous ces organes du corps social remplissent, comme on le voit, le double office d'éclairer le cerveau et de transmettre aux muscles les impulsions données par celui-ci ; sous ce rapport, ils peuvent recevoir les dénominations de *convergents,* lorsque leur action se porte de la circonférence au centre, et de *divergents,* quand au contraire cette action se porte du centre à la circonférence.

Titre VI.

SA DURÉE. (v. p. 9, 14, 15, 16, 18.)

————

Considéré sous le rapport de sa durée, tout contrat social doit être subordonné :

§ 1ᵉʳ. — De fait, à la continuité de la volonté du plus grand nombre de le maintenir, un peuple ne pouvant pas plus être empêché de changer de gouvernement qu'un individu ne peut l'être de changer de manière de vivre, pourvu que, par suite de ce changement, il ne nuise à aucun être de son espèce.

A cet égard, et suivant toujours notre comparaison, nous ferons remarquer que de même que l'homme raisonnable, qui a pu trouver le meilleur mode de vivre, eu égard à son tempérament, se doit à lui-même de n'en changer qu'autant que l'exigerait son changement d'âge et de santé; de même un peuple raisonnable se doit de n'apporter, à son contrat social, de changements qu'autant qu'ils seraient exigés dans son intérêt par les circonstances.

§ 2. — Rationnellement, il est subordonné, quant an fonds, à la perpétuité du besoin qu'ont les hommes de s'entresoutenir, ce qui toujours légitimera, dans l'intérêt de la patrie (que pourraient déchirer les factions), les efforts des pouvoirs constitués, pour se maintenir jusqu'à ce que d'autres pouvoirs, bien évidemment créés par la volonté *libre* et *éclairée* du peuple, viennent immédiatement lui succéder.

Quant aux parties de ce contrat social, qui n'ont que la forme du gouvernement pour objet, elles sont subordonnées aux progrès de la population ou de la civilisation, étant reconnu par tous nos publicistes, tels que *Montesquieu, Mably, Filangieri* et autres, qu'un gouvernement qui convient à un peuple encore à sa naissance, ne peut convenir à ce même peuple devenu plus étendu, plus éclairé, plus civilisé.

Si pour le premier, c'est-à-dire pour un peuple à sa naissance, la forme républicaine peut être considérée comme la meilleure; il n'en est pas de même assurément pour une nation de trente-cinq à quarante millions d'âmes, pour une nation arrivée à l'apogée de sa civilisation et peut-être à l'époque de son déclin, de sa décadence.

A une pareille nation, ne peut convenir qu'un gouvernement monarchique, et celle qui, pendant huit à neuf siècles, eut l'avantage de posséder une monarchie légitime, aurait dû être assez sage pour conserver précieusement cette forme de gouvernement. Mais elle se trouvait apparemment trop heureuse, cette nation naturellement remuante et versatile, sous l'égide tutélaire d'une longue génération de rois, puisqu'elle a préféré la république à la monarchie, puisqu'elle a voulu briser le pacte, déchirer le contrat qui unissait les deux parties, la *royauté* et la *nation,* contrat synallagmatique qui ne pouvait être rompu que par le consentement mutuel et libre des deux parties contractantes.

D'ailleurs, ce que voulait à cet égard la justice, était voulu surtout dans l'intérêt de la nation.

En effet, pourquoi l'établissement de cette successibilité au trône?

Pour éviter qu'à chaque décès d'un monarque, le trône, pouvant devenir la proie d'un intrigant, d'un audacieux, n'allumât une foule d'ambitions, dont la rivalité pût amener un désordre social et la ruine de l'État.

Aussi, afin d'étouffer dans leur germe ces funestes ambitions, toute nation prudente et soucieuse de ses intérêts, voudra toujours que la succession au trône ne puisse jamais être incertaine, être une cause d'agitation, de trouble, d'anarchie, et voudra toujours pouvoir dire : le roi est mort, vive le roi !

Mais la France ne peut plus le dire, le seul et unique prétendant légitime au trône étant décédé naguère à Froshdorff, et nul autre, que je sache, ne pouvant avoir la prétention de le remplacer au même titre.

TABLE

PAGES.

Saumur, imp. P. Godet. — 41921J

* 9 7 8 2 0 1 6 1 4 3 6 5 0 *